DOCUMENTS

DE

JURISPRUDENCE ET DE DOCTRINE

POUR

M. BEAUFOUR ès noms

PETIT-BERGONZ.

CONTRE

MM. DESGROTTES et consorts

PREMIÈRE PROPOSITION

La séparation de patrimoine ne crée ni privilége, ni droit hypothécaire, ni antériorité au profit du créancier qui prend inscription au regard des autres créanciers de la succession.

La séparation de patrimoine ne confère de privilége aux créanciers du défunt qu'à l'encontre des créanciers de l'héritier.

1°

ARRÊT DE GRENOBLE DU 21 JUIN 1864 (S. V, 42. 2. 355).

La Cour :

Sur la séparation des patrimoines.

Attendu que les articles 878 et 880 du Code civil, en consacrant le principe de la séparation des patrimoines, n'ont pas eu pour objet d'établir des droits de préférence entre les créanciers de l'hérédité ;

Que leur but unique, parfaitement conforme à la raison et à l'équité, a été d'empêcher que les créanciers d'un individu qui trouvaient dans ses biens personnels un gage suffisant de leurs créances, ne fussent exposés à voir tout à coup leur position changer de face, et leurs garanties s'évanouir par le décès de leur débiteur, et la confusion de son patrimoine avec celui d'un débiteur insolvable ;

Que pour prévenir ce danger, le législateur, en promulguant ces articles, a voulu que le patrimoine du défunt, malgré la maxime :

« *La mort saisit le vif* »

pût rester distinct du patrimoine de l'héritier, de telle sorte que le premier ne fût affecté au paiement de dettes de l'héritier, dans le cas qu'il prévoit, qu'après l'entière extinction des dettes de l'hérédité ;

Que sous cette partie de la législation et avant l'adoption des articles 2111 et 2113 du Code civil, il est hors de doute que les créanciers du défunt restaient les uns vis-à-vis des autres dans la position que leur donnaient leurs titres de créance ;

Que ceux-là seuls étaient privilégiés ou hypothécaires, en faveur de qui la nature ou l'acte constitutif de leur créance établissait ce droit, et que les autres créances demeuraient chirographaires ;

Attendu que, pour que le titre des hypothèques promulgué depuis, eût modifié ce principe, il faudrait qu'il l'eût exprimé d'une manière formelle ;

Attendu que dans le doute, l'interprétation de la loi devrait plutôt être en faveur du principe d'équité qui règle le sort des créanciers du défunt entre eux, d'après les droits qu'ils ont reçus de leurs conventions avec leur débiteur, que dans le sens d'un droit exorbitant de privilége ou d'hypothèque que la loi conférerait DE PLANO, *à chaque créancier, même chirographaire du défunt contre ses co-créanciers, par le seul fait du décès de leur débiteur commun.*

Qu'aucun motif raisonnable ne viendrait justifier une pareille disposition ;

Attendu que l'article 2111, loin d'établir, en faveur du créancier du défunt contre ses co-créanciers, un nouveau droit contraire au principe résultant de l'article 878, ne fait que tracer le mode de conservation du droit de séparation de patrimoines tel qu'il est réglé par ce dernier article ;

Attendu qu'il était naturel que le législateur, en établissant au titre des priviléges et hypothèques, le système de publicité de ces droits de préférence, ne voulût pas laisser occulte le droit de séparation des patrimoines dont les art. 878 et 880 avaient frappé les immeubles d'une hérédité ;

Qu'il était logique de soumettre le créancier à qui cette faculté était accordée à l'obligation d'avertir, par une inscription, ceux contre qui elle était établie, sous peine de les exposer à être trompé par les apparences, et à croire libres des biens grevés ;

Que c'est pour cela que l'article 2111 a soumis les créanciers et légataires du défunt à la nécessité d'une inscription dans les 6 mois du décès, s'ils voulaient primer les créanciers de l'héritier, en décidant que, pendant ce délai de six mois, aucune hypothèque ne pourrait être établie avec effet, à leur préjudice par l'héritier ;

Mais que ce mode de publicité n'est créé, comme l'était déjà le droit qu'il est destiné à conserver, que contre les créanciers de l'héritier, ainsi que l'énonce textuellement cet art. 2111 ;

Qu'il est donc sans influence sur la position relative des créanciers et légataires du défunt entre eux, lesquels restent dans le cercle que leur avait tracé l'art. 878 ;

Attendu qu'on objecterait en vain que ces mots :

— « **A l'égard des créanciers, des héritiers ou représen-**
« **tants du défunt**; »

— Qu'on lit dans l'art. 2111, comprennent *les créanciers de l'hérédité qui ne se sont pas inscrits dans les 6 mois.*

Que cette interprétation est repoussée par la nature même du droit auquel s'applique la disposition ;

Que, s'agissant de séparation de patrimoines, le patrimoine du défunt est nécessairement mis en opposition avec le patrimoine de l'héritier, et les créanciers de celui-ci avec ceux du défunt ;

Que, limiter aux créanciers de l'héritier les effets de l'inscription, c'est exprimer suffisamment et même irrésistiblement; — Que cet effet ne s'étend pas aux créanciers de l'hérédité entre eux ;

Que l'on ne peut prétendre que les créanciers du défunt qui ne se sont pas fait inscrire dans les six mois, soient devenus simplement créanciers de l'héritier, puisque l'article 2113 leur accorde la faculté de donner à leurs créances, une garantie hypothécaire, après les six mois, en les soumettant à la formalité de l'inscription, faculté qu'ils n'acquièrent pas en vertu d'une nouvelle stipulation survenue entre eux et l'héritier, comme celui-ci pourrait la concéder à ses propres créanciers, mais qu'ils tiennent de leur qualité de créanciers du défunt et du droit de séparation de patrimoines, faculté qu'ils n'exercent enfin que sur les immeubles de la succession et non sur ceux de l'héritier, *ce qui prouve clairement que, même à défaut d'inscription dans les six mois, ils ne sont pas tombés dans la classe des simples créanciers de l'héritier.*

Attendu qu'on ne peut davantage argumenter du mot TIERS inséré dans l'article 2113, pour prétendre que l'hypothèque consacrée par cet article produit son effet contre toute personne autre que le créancier inscrivant ;

Que, sans doute, si l'article 2113 ne se fut rapporté qu'à l'article 2111, on eût pu s'étonner que le législateur n'eut pas exprimé plus nettement sa pensée et n'eut pas répété que l'hypothèque ne produirait effet à l'égard des créanciers de l'héritier qu'à compter de la date de son inscription ;

Mais qu'il faut observer que l'article 2113 est le corollaire de tous les articles qui précèdent à partir de l'article 2106, et qu'il les régit tous.

Qu'il était donc nécessaire que sa rédaction fût conçue en termes assez généraux pour qu'elle s'accordât avec les cas prévus par les dispositions précédentes ;

Que c'est pour cela que l'expression générique *tiers* y a été employée, et non pour modifier les principes et les effets de la séparation de patrimoine et la différence qu'elle établit ;

Attendu que, si l'on admettait qu'à partir du décès, tous les créanciers chirographaires du défunt deviennent créanciers privilégiés les uns vis-à-vis des autres, à charge d'une inscription dans les six mois, l'on arriverait à cette conséquence que le créancier du défunt qui aurait obtenu sur ses biens, quelques jours avant sa mort, une hypothèque judiciaire ou conventionnelle qu'il n'aurait fait inscrire que le lendemain

du décès, et qui aurait omis de faire inscrire dans les six mois, son droit de séparation de patrimoines, serait primé par le créancier chirographaire du défunt qui se serait conformé à l'art. 2111, et que, lors même qu'il aurait fait inscrire à la fois son hypothèque et son privilége, il ne viendrait néanmoins qu'en concours avec le créancier chirographaire inscrit dans les six mois, ce qui serait contraire à toutes les règles du droit et de l'équité; et constituerait une violation flagrante des conventions des parties et de la foi due aux contrats;

Attendu qu'il n'est pas besoin, pour restreindre aux créanciers de l'héritier les effets de l'inscription prise en vertu de l'article 2111, de refuser aux droits de préférence sur les immeubles résultant de la séparation de patrimoines, le nom de privilége que leur donne cet article;

Qu'à l'égard des créanciers de l'héritier, ce droit est bien un véritable privilége, puisqu'il confère aux créanciers du défunt qui l'ont fait inscrire dans les six mois une préférence sur tous les créanciers qui auraient acquis de lui (l'héritier) des hypothèques, et qui les auraient fait inscrire même avant l'inscription du créancier de l'hérédité : préférence qui résulte de la qualité des créances, c'est-à-dire de ce qu'elles sont créances de l'hérédité, ce qui est le caractère du privilége;

Qu'il faut seulement reconnaître que ce privilége n'est pas général et absolu, mais simplement relatif;

Qu'il n'existe pas contre toutes personnes, mais seulement contre les créanciers de l'héritier;

Attendu qu'il suit de tout ce qui précède :

Que le privilége et l'hypothèque conférés aux créanciers du défunt qui ont rempli les formalités des articles 2111 et 2113 n'ont d'effet que contre les créanciers de l'héritier.

Que l'inscription prise dans les six mois n'a pour objet que de rendre inefficace toute concession d'hypothèque par l'héritier au préjudice des créanciers du défunt, et l'inscription après les six mois, de donner à l'inscrivant la préférence sur tout créancier hypothécaire de l'héritier qui se serait inscrit après lui;

Mais qu'il laisse les créanciers du défunt, entre eux, dans la position relative que leur ont créé leurs titres de créance, de telle sorte que, s'il ne s'agit que de leurs droits respectifs, si aucun créancier de l'héritier n'a acquis par une inscription, avant un créancier retardataire du défunt, des droits qui diminuent le gage commun, les créanciers du défunt, bien qu'inscrits les uns pendant les six mois, les autres après, restent les uns à l'égard des autres avec les droits que leur attribuent leurs titres originaires.

Attendu que ce principe n'empêche pas que l'inscription du droit de séparation de patrimoine ne soit personnelle à l'inscrivant et ne profite qu'à lui, en ce qui a rapport aux biens que son inscription, prise en temps utile, a sauvés de la main mise des créanciers de l'héritier, inscrits après les six mois, mais avant l'inscription tardive d'autres créanciers du défunt.

Qu'il ne s'agit plus alors seulement de déterminer le sort des créanciers du défunt entre eux, d'après leur qualité et leurs titres respectifs;

Qu'à leurs droits sont venus se mêler les droits acquis des tiers;

Que, si ces tiers par leur vigilance à s'inscrire sont parvenus à primer les créanciers du défunt inscrits tardivement, ces derniers sont exposés à subir la peine de leur négligence, et à voir passer entre les mains de leur cocréanciers, inscrits dans les six mois, les valeurs que ce créancier de l'héritier inscrit avant eux leur enlève;

Que, c'est plutôt alors devant ce créancier de l'héritier, que devant leur cocréancier du défunt premier inscrit, qu'ils succombent.

Qu'il n'y a pas là contravention au principe, qu'entre les créanciers du défunt qui ont demandé la séparation des patrimoines, la préférence se détermine par le titre originaire, et non par la date de l'inscription du privilége de séparation de patrimoines, mais application d'une autre règle de droit et d'équité, qui rend chacun responsable de son imprudence et de sa négligence ;

Or, l'inscription prise après les six mois, constitue une négligence dommageable, quand elle se trouve précédée par l'inscription d'un créancier de l'héritier;

Attendu que les différents cas possibles de ce genre de concours ne peuvent être résolus à l'avance hypothétiquement;

Qu'on ne pourrait les discuter utilement que sur une connaissance exacte des faits, qui exercent, dans leur variété, une grande influence sur l'application du droit;

Attendu que, bien qu'il soit allégué dans la cause que les parties se trouvent placées dans une de ces hypothèses, à raison d'une hypothèque légale du fils mineur d'Adolphe Doyon, dispensée d'inscription, qui prendrait rang entre la créance de la femme Morel et de son fils et celle de Perret;

Cependant, il n'est aucunement prouvé jusqu'à présent, que cette créance de Doyon fils existe réellement;

Attendu d'ailleurs, que les rangs de ces trois créanciers ne pourrait être régulièrement fixé aujourd'hui, quant à ce, en l'absence du mineur Doyon, qui n'est pas en cause;

Qu'il suffit de réserver les droits de toutes les parties à faire valoir dans l'ordre de prix à provenir des immeubles hypothéqués, pour le cas où le mineur Doyon, ou tout autre créancier de l'héritier prétendrait avoir des droits hypothécaires venant après l'inscription de Julie Bourk et avant celle de Perret et eu égard au montant de ces créances intermédiaires seulement;

Sur les droits respectifs des créanciers et des légataires;

Attendu que, si les légataires deviennent les créanciers de l'héritier par le fait de l'acceptation pure et simple de la succession ;

Si, à ce titre, ils ont le droit de se faire payer par lui, et si les paiements ainsi faits ne peuvent être soumis à répétition au profit des créanciers du défunt non payés, comme cela existerait en vertu de l'article 809 Code civil, dans le cas de succession bénéficiaire, la distinction entre le créancier et le légataire se reproduit quand celui-ci poursuit le recouvrement de ses droits, non contre l'héritier qui devenu débiteur personnel, ne pourrait opposer aucune exception à la demande, mais contre le patrimoine de l'hérédité qu'il a fait distinguer du patrimoine du défunt;

Qu'à l'égard des biens du défunt, le légataire n'a de droit qu'après le paiement des delttes en vertu du principe :

Bona non intelliguntur, nisi deducto œre alieno ;

Qu'il ne peut dépendre d'un testateur qui n'a d'actif que ce qui est nécessaire pour l'acquit de ses dettes, de grever sa succession de nouvelles charges, et de contraindre ses créanciers à partager ses dépouilles avec des légataires qu'il lui plairait d'avantager ;

Que c'est le cas d'appliquer la maxime :

NEMO LIBERALIS, NISI LIBERATUS ;

Qu'il est donc juste d'accorder à Perret, créancier légitime de Simon Doyon-Chateauvieux, la préférence sur Julie Bourk et son fils qui ne sont que légataires;

Attendu que ceux-ci ne peuvent objecter qu'il serait inique de les primer par Perret, et de décider qu'eux, qui ont conservé le patrimoine de Simon Doyen-Chateauvieux en s'inscrivant dans les six mois du décès, auraient ainsi rendu la condition de Perret meilleure, et que celui-ci, qui a été néglignt profiterait de leur vigilance ;

Qu'en effet, ce n'est pas l'inscription de Julie Bourk, qui a conservé les droits de Perret ;

Que l'inscription qu'il a prise lui-même, quoique postérieure, a suffi pour lui assurer le bénéfice de la séparation de patrimoines sur les immeubles qui n'étaient pas encore sortis des mains de l'héritier ;

Qu'en supposant que Julie Bourk n'eut pris aucune inscription, Perret n'en aurait pas moins les mêmes droits contre les créanciers de l'héritier, en vertu de la sienne propre, sauf le cas d'hypothèque inscrite ou dispensée d'inscription, qui primerait la sienne, hypothèse, sur laquelle les droits des parties demeurent réservées, ainsi qu'il est énoncé précédemment ;

Par ces motifs, etc.

Met l'appellation et ce dont est appel au néant, en ce qui concerne la distribution des sommes à provenir des immeubles faisant partie du patrimoine de Simon Doyon Chateauvieux, dont la séparation est ordonnée.

Emendant quant à ce, déclare valable l'inscription prise par Perret, pour la conservation de son droit de séparation de patrimoines ;

Ordonne que le prix des immeubles de la succession de Simon Doyon-Chateauvieux sera affecté, d'abord et par préférence, au paiement de Perret, en sa qualité de créancier du défunt, ensuite à l'acquit des legs de Julie Bourk et de son fils, sauf les droits qui auraient pû être acquis à des créanciers de l'héritier, par des hypothèques inscrites ou dispensées d'inscription, antérieurement à l'inscription de Perret ;

Réserve les droits des tiers et ceux des époux Morel et Perret ; quant à ce, jusqu'à concurrence du montant des créances qui seraient réclamées par ces créanciers aujourd'hui incertains, etc.

2°

ARRÊT DE PARIS DU 14 NOVEMBRE 1838. (S. V. 39. 2. 9).

La Cour :

Attendu qu'il est de principe qu'à moins de préférence indiquée par le testament, tous les légataires particuliers ont des droits égaux ;

Que, si ce principe n'a été formellement consacré par la loi que dans le cas spécial énoncé en l'article 926, Code civil, cette disposition ne doit être considérée que comme une application particulière de la règle générale ;

Attendu que rien ne peut faire supposer qu'en conférant aux légataires particuliers, des garanties spéciales sur les immeubles de la succession, la loi ait entendu leur donner le moyen de se primer les uns les autres ;

Qu'il résulte au contraire de ses termes formels, que ces garanties ne leur ont été accordées que pour leur assurer un rang de priorité sur les créanciers personnels des héritiers et autres débiteurs des legs ;

Qu'en effet, l'art. 2111, Code civil, qui règle l'exercice du dit droit, ne fixe la position des légataires que dans leurs rapports avec lesdits créanciers personnels et ne statue rien sur leurs droits respectifs vis-à-vis des autres ;

Qu'ils ne peuvent donc opposer leurs inscriptions comme un titre de priorité, soit aux légataires inscrits postérieurement dans les six mois, soit à ceux qui ne se seraient fait inscrire qu'après ladite époque, et même N'AURAIENT PRIS AUCUNE INSCRIPTION.

Attendu que le privilége des légataires dégénéré en simple hypothèque faute d'inscription dans les six mois, aux termes de l'article 2113, ne peut produire des effets plus étendus que ceux qui auraient été attachés au privilége régulièrement conservé ;

Attendu enfin qu'en faisant mention dans l'article 1017, de la garantie hypothécaire qui milite au profit des légataires, la loi n'a fait qu'énoncer un principe dont les conséquences ont été ultérieurement développées par lesdits articles 2111 et 2113.

Qu'il ne saurait donc résulter en faveur desdits légataires, du premier de ces articles, d'autres droits que ceux qui leur sont conférés par les derniers.

Ordonne, que dans le règlement définitif tous les légataires seront colloqués concurremment.

NOTA.— LA JURISPRUDENCE EST CONSTANTE, ET CES QUESTIONS NE SE DISCUTENT PLUS.

DOCTRINE

1°.

DURANTON, t. 7, n° 476.

« La séparation des patrimoines n'a d'effet qu'envers les créanciers « de l'héritier ;

« Elle n'en a point entre les créanciers du défunt eux-mêmes ; elle « les laisse absolument dans le même état, que lorsqu'il est décédé, « avec leur qualité de privilégiés ou d'hypothécaires, ou avec leur qua- « lité de simples créanciers ordinaires.

« De là, si deux créanciers, n'ayant ni privilége particulier, ni droit « d'hypothèque, ont pris inscription dans les six mois depuis l'ouver- « ture de la succession, sur les immeubles qui en dépendent, conformé- « ment à l'art. 2111, quoiqu'à des époques diverses, ils primeront bien

« tous deux, sur les immeubles, les créanciers particuliers de l'héritier, « bien que ceux-ci eussent pris inscription avant eux sur lesdits im- « meubles, mais le premier inscrit de ces deux créanciers ne primera pas l'autre pour cela.

Ils viendront par concurrence.

2°

Poujol, *successions*, t. 2, art. 878, n° 18.

L'inscription prise dans les six mois prescrits par l'art. 2111, n'attribue aucun droit de préférence aux créanciers de la succession entre eux.

Son unique effet est d'exclure, en ce qui les concerne, les créanciers personnels de l'héritier, puisque tout l'actif est le gage commun des créanciers de cette succession, et que l'inscription qui est prise dans les six mois, mais à une date différente, ne confère aucun droit de préférence à un créancier au préjudice de l'autre.

Seulement l'un et l'autre, au moyen de leurs inscriptions priment celles que les héritiers personnels de l'héritier pourraient avoir prises avant eux, ou prendre par la suite.

Je dois ajouter que les créanciers de la succession se règlent entre eux d'après la date de leurs titres et les affectations qu'ils renferment, si les hypothèques qu'ils confèrent ont été prises et renouvelées en temps utile.

3°

Demolombe, t. 17, p. 278.

Concluons donc que le privilége de la séparation des patrimoines ne peut créer aucun rang de préférence ni entre les créanciers du défunt et les légataires, ni entre les légataires eux-mêmes, les uns envers les autres, et que leurs droits réciproques à tous, demeurent, dans tous les cas les mêmes, soit qu'ils aient tous pris inscription avant ou après les six mois, à des dates différentes, *soit que quelques-uns seulement se soient inscrits, tandis que les autres auraient négligé de le faire.*

DEUXIÈME PROPOSITION

L'acceptation bénéficiaire faite par l'héritier, opère séparation de patrimoine.

Cette séparation continue à subsister malgré la déchéance du bénéfice d'inventaire prononcé par l'héritier.

1°

ARRÊT DE LA COUR DE CASSATION DU 29 JUIN 1853.
(S. V-53. 1. 721).

LA COUR :

Sur le moyen tiré de la violation des art. 802, 807, 2146, 877, 878, 880, 2111 Cod. Nap. et 988 proc. civ.;

Vu les articles 802, 2146, 878 et 2111 Cod. Nap.;

Attendu que le bénéfice d'inventaire empêchant qu'il ne s'opère, dans la main de l'héritier, une confusion de ses biens avec ceux de son auteur, OPÈRE DE PLEIN DROIT entre les deux patrimoines une séparation dont l'effet est de resteindre l'action des créanciers du défunt aux seuls biens de la succession, devenus ainsi leur gage exclusif ;

Que, pour s'assurer, de leur côté, les avantages de cette situation, ils n'ont alors ni à former une demande en séparation de patrimoines qui, à leur égard, n'aurait pas d'autres résultats, ni à prendre une inscription que l'acceptation sous bénéfice d'inventaire a rendue sans objet;

Qu'il n'y a lieu de leur part, en effet, à demander la séparation de patrimoines que lorsqne la succession a été acceptée purement et simplement;

Que la séparation, une fois opérée par le bénéfice d'inventaire, persiste nécessairement à leur profit, s'ils ont intérêt à s'en prévaloir et à ne considérer l'héritier bénéficiaire que comme un dépositaire et un administrateur de leur gage commun ;

Que, s'il pouvait, à leur insu, être porté atteinte à ce droit par un acte ultérieur de l'héritier, ils seraient exposés à subir les conséquences d'un fait qui leur est étranger, et à perdre, par l'expiration des délais, la faculté de recourir à nne demande en séparation de patrimoines, jusqu'à lors inutile, et aux formalités destinées à en assurer l'efficacité légale;

Que la déchéance du bénéfice d'inventaire encourue en pareil cas pour l'héritier, étant une peine établie contre lui et en faveur des créanciers du défunt, ne saurait tourner contre ceux-ci et les priver de leur gage exclusif au profit de l'héritier lui-même ou de ses ayant-causes;

D'où il suit, qu'en jugeant, qu'un donataire à titre particulier, devenu héritier sous bénéfice d'inventaire du donateur, à pu ensuite, par un acte d'héritier pur et simple, opérer d'une manière absolue la confusion que le bénéfice d'inventaire avait eu pour effet de prévenir, et priver ainsi les créanciers du donateur de la faculté d'exercer les droits et actions de celui-ci, à l'effet notamment, de demander la révocation de la donation pour inexécution de ses conditions, l'arrêt dénoncé a violé les articles ci-dessus visés ;

CASSE.

(*Ch. civ. présid. M. Troplong*).

2°

ARRÊT DE LA COUR DE CASSATION DU 8 JUIN 1863. (S. V.-63. 1. 379).

La Cour,

Sur les deux moyens du pourvoi :

Attendu qu'aux termes des art. 802 et 817 du Code Nap., l'acceptation sous bénéfice d'inventaire empêche de confondre les biens personnels de l'héritier et les biens de la succession.

Que, par conséquent, elle opère de plein droit la séparation des patrimoines, sans que les créanciers du défunt aient besoin de remplir les formalités prescrites par l'art 878, même Code, pour le cas où la succession a été accepté purement et simplement;

Que la séparation des patrimoines, une fois opérée, persiste nécessairement au profitdes créanciers, tant qu'ils ont intérêt à s'en prévaloir et que le droit de préférence qui en résulte pour eux en vertu de l'art. 2111 Cod. Nap., leur étant acquis, ils ne peuvent en être privés par le seul fait de celui qui a accepté bénéficiairement ;

Que dès lors Jean Michelet, après avoir accepté sous bénéfice d'inventaire le legs universel qui lui avait été fait, après avoir opéré ainsi la séparation des patrimoines, et s'être réduit au rôle d'administrateur, ne pouvait céder régulièrement à ses creanciers personnels une créance non échue de la succession au préjudice du droit de préférence acquis aux légataires particuliers qu'il connaissait nécessairement, puisqu'ils étaient institués par le même testament que lui, et qui, de plus, auraient en temps opportun, fait opposition pour la conservation de leurs droits entre les mains des débiteurs de la créance cédée ;

Attendu que les créanciers personnels du légataire universel à qui cette créance a été transportée en paiement, ne pouvaient s'en saisir au préjudice des légataires particuliers qui antérieurement à toute signification du transport de créance, avaient fait opposition entre les mains des débiteurs ;

Qu'ils étaient tenus de vérifier la qualité du cédant, et qu'ils ne peuvent faire prévaloir leur bonne foi sur un droit de préférence établi par le Code.

Qu'en le décidant ainsi, l'arrêt attaqué, loin de violer aucune loi, a fait une juste application des articles précités.

Rejette.

TROISIÈME PROPOSITION

L'acceptation bénéficiaire opère de plein droit la séparation de patrimoines.

Même dans le cas ou UN SEUL HÉRITIER ACCEPTE BÉNÉFICIAIREMENT.

1°

ARRÊT DE LA COUR DE CASSATION DU 11 DÉCEMBRE 1854.
(S. V. 55. 1. 277).

LA COUR :

Sur le moyen unique, tiré de la violation des articles 878, 880 et 2111, Cod. Nap., ainsi que des articles 461, 776 et 793 même code ;

Attendu en droit, que l'acceptation bénéficiaire d'une succession entraîne de plein droit au profit des créanciers de la succession, la séparation des patrimoines ;

Que cette acceptation bénéficiaire par une partie des héritiers opère la séparation des patrimoines pour tous les biens de la succession, même à l'égard des héritiers qui ont accepté purement et simplement;

Attendu qu'aux termes de l'article 793 du Code Napoléon, la déclaration d'un héritier, qu'il entend ne prendre cette qualité que sous bénéfice d'inventaire, doit être faite au greffe ;

Que cette formalité est indispensable pour l'héritier majeur qui ne veut pas être tenu au-delà des forces de la succession ;

Mais que si son inobservation peut être invoquée par l'héritier mineur, pour s'exonérer des obligations contractées en son nom, sans l accomplissement de cette prescription de la loi, elle ne saurait lui être opposée par les créanciers, lorsqu'il est établi que la succession a été acceptée par lui sous bénéfice d'inventaire, parce qu'il ne peut jamais être qu'héritier bénéficiaire ;

Attendu que l'arrêt constate, en fait, qu'après le décès de Deshaires, le sieur Giraud, administrateur légal des biens de son fils mineur, a fait dresser inventaire, qu'il a demandé au conseil de famille l'autorisation d'emprunter une somme de 20,000 francs, pour acquitter les dettes de la succession, et que cette déclaration a été homologuée par jugement du Tribunal de Charolles ;

Que cet emprunt a été réalisé par un acte dans lequel l'auteur des demandeurs a figuré comme prêteur ;

Que l'arrêt constate également qu'après le décès de Giraud, sa veuve, tant en son nom personnel que comme tutrice de son fils mineur, a fait procéder à la vente de la plus grande partie des biens composant la succession en vertu d'une délibération du conseil de famille, homologuée par justice ;

Attendu, qu'en décidant par suite, qu'il y avait une acceptation positive et formelle par le mineur Giraud, du legs universel, fait à son profit, et que cette acceptation étant forcément bénéficiaire, *avait eu pour effet d'opérer la séparation des patrimoines, la Cour impériale de Dijon,* loin d'avoir violé les articles invoqués, en a fait une juste application ;

Rejette :

2°

ARRÈT DE LA COUR DE CASSATION DU 3 AOUT 1857.
(S. V. 58. 1. 286),

LA COUR :

Vu les articles 803, 807, 878, 880, 2111 et 2146, Code Napoléon;
Attendu que si des droits sur les biens d'un débiteur défunt appartiennent, en concurrence avec ses créanciers, aux créanciers de son héritier, c'est par un effet de la dévolution qui a fait entrer dans le patrimoine de l'héritier les biens du défunt ;

Mais que les biens du défunt, tant qu'ils ne sont pas confondus avec ceux de l'héritier et en sont, au contraire, demeurés distincts au moyen des précautions prescrites par la loi, ont, pour affectation première et pour destination préférable à toute autre, l'acquittement des dettes du défunt, desquels ils étaient spécialement le gage ;

Attendu que la distinction légale des patrimoines peut résulter, soit de la séparation prononcée sur la demande des créanciers du défunt en vertn de l'art. 878, Cod. Nap., soit de l'acceptation bénéficiaire par un ou plusieurs des cohéritiers, dûment suivie d'inventaire;

Attendu que le bénéfice d'inventaire empêche légalement les denx patrimoines de confondre leur passif comme leur actif:

Qu'introduit dans l'intérêt de l'héritier, et afin de le soustraire à des charges qui excéderaient les forces de la succession par lui recueillie, il doit, par réciprocité, puisqu'il isole et spécialise le gage des créanciers successoraux, les affranchir de toute concurrence, sur ce gage, avec l'héritier ou ses créanciers ;

Attendu que l'article 2146, Code Napoléon, a pour objet de fixer les conditions des créanciers d'une succession bénéficiaire ;

Qu'il reconnaît l'impossibilité où ils se trouvent d'acquérir utilement des droits de préférence les uns contre les autres, au moyen d'inscriptions postérieures à l'ouverture de la succession ;

Que la faculté interdite (de prendre inscription) sur les biens de la succession , aux créanciers de cette succession même, ne saurait être concédée, sur ces biens, aux créanciers personnels de l'héritier ;

Et qu'il ne peut pas être permis à ceux-ci d'acquérir, par des inscriptions prises à la même époque, des droits de préférence ou de concurrence contre les créanciers de la succession ;

Attendu que l'art. 2146 ne distingue pas le cas où la succession est en totalité acceptée bénéficiairement, de celui où elle n'est acceptée bénéficiairement que par un ou plusieurs des co-héritiers, et purement et simplement par un ou plusieurs autres;

Qu'en effet l'inventaire fixe la consistance entière du patrimoine du défunt, et le met à l'abri de toute confusion avec les biens de l'héritier, tant que le compte du bénéfice d'inventaire n'est pas rendu, ou que l'état bénéficiaire n'a pas pris fin pour une autre cause;

Qu'ainsi les effets légaux de cet état existent tout entiers au profit des créanciers de la succession comme une conséquence nécessaire de cet état, alors même qu'il n'a pour cause que l'acceptation bénéficiaire d'un seul des cohéritiers, ou n'est que le résultat de sa minorité ;

Attendu que si, aux termes de l'art. 2111, les créanciers et légataires qui, usant de l'action ouverte par l'art. 878, demandent la séparation des patrimoines, ne conservent qu'au moyen d'une inscription prise au bureau des hypothèques, le privilége par eux réclamé, c'est parce que les tiers ne peuvent pas autrement être avertis du fait de cette séparation :

Qu'il n'en est pas de même quant à la condition des immeubles provenant d'une succession bénéficiaire ;

Que les personnes qui contractent avec l'héritier même pur et simple, ne sauraient être censées ignorer que les immeubles héréditaires se trouvent entre ses mains, comme faisant partie de l'actif d'une succession bénéficiaire dont les comptes ne sont pas rendus, et dont l'actif demeure affecté au paiement des dettes existantes sur la succession ;

Attendu que Thomas Poulard, créancier de Poulard père, décédé en 1841, et dont l'un des héritiers était mineur, a, le 27 septembre 1849, pris inscription au bureau des hypothèques de Montbrison pour conservation du privilége de séparation des patrimoines ;

Que le partage effectué ultérieurement entre les héritiers de Poulard père, n'a pu avoir pour résultat de détruire ou modifier les droits dûment conservés à Thomas Poulard, sur le patrimoine du défunt, son débiteur ;

Que les droits du créancier ainsi conservés, existent sur les biens du défunt comme si le décès n'eut pas eu lieu ;

Qu'ils remontent donc à une époque antérieure au décès, et écartent toute possibilité d'application de la règle en vertu de laquelle l'héritier co-partageant est censé avoir recueilli, à l'instant même du décès, les biens compris dans son lot ;

Attendu qu'en décidant que les inscriptions prises par les créanciers de Poulard fils aîné sur les immeubles provenant de la succession de Poulard père, alors que par suite de la minorité de Poulard jeune, la succession Poulard père était sous les liens d'une administration bénéficiaire, devaient recevoir effet à l'encontre de Poulard (Thomas), créancier de Poulard père, en appliquant l'art. 2111 du Code Napoléon à la distinction des patrimoines opérée de plein droit par la minorité d'un des co-héritiers, et en jugeant que, faute d'avoir été prise dans les six mois de l'ouverture de la succession, l'inscription de Poulard (Thomas), par lui prise sur les biens de Poulard père, son débiteur, avant partage de la succession de celui-ci, devait ne valoir qu'à sa date, et se trouver primée par les inscriptions hypothécaires antérieures des créanciers personnels de Poulard fils aîné; l'arrêt attaqué a expressément violé les lois précitées.

Casse, etc.

QUATRIÈME PROPOSITION

Le défaut d'inventaire des biens de la communauté par la femme survivante a pour effet de la soumettre au paiement de la moitié des dettes, quel que soit son émolument dans la communauté (Cod. Nap. 1482 et 1483).

Et pour le paiement de cette moitié, la femme est tenue sur tous ses biens indistinctement.

1°

ARRÊT DE LA COUR DE COLMAR DU 5 AOUT 1863. (S. V-63. 2. 285.)

La Cour :

Attendu que c'est comme commune en biens que la veuve Wilhelm a comparu volontairement devant le juge de paix de son canton, et a été condamné les 22 janvier et 26 février 1856 à payer, conjointement avec ses enfants dont elle était tutrice une somme de 281 francs pour le prix de deux vaches que Guisburger avait livrées à son mari ; que le commandement, la saisie et les autres actes de la procédure devaient nécessairement être dirigés contre elle en la même qualité ;

Que par cela seul qu'elle n'avait point fait procéder à un inventaire, elle était tenue, quel qu'ait été son émolument dans la communauté, de la moitié de la dette, aux termes des articles 1482 et 1487 Cod. Nap.

Que c'est de son chef, à titre de commune et d'associée, qu'elle se trouve obligée dans les limites qui viennent d'être précisées ;

Qu'il suit de là que, conformément aux art. 2092 et 2093 du Code, ses hiens personnels sont devenus le gage de Ginsburger comme de tous ses autres créanciers ;

Qu'on ne peut dire avec les premiers juges que la saisie est nulle comme ayant été faite *super non domino*, parce que les immeubles mis sous la main de justice à titre de conquêts, ont été reconnus être des propres de la femme Wilhlem ;

Que si cela est vrai pour les enfants qui ne figurent plus et qui ne devaient plus figurer en effet dans la procédure en expropriation, il en est autrement pour l'intimée à laquelle les biens saisis appartiennent pour le tout ;

Que bien loin donc de porter à faux quant à elle, la saisie et la vente atteignent le véritable propriétaire ;

Par ces motifs ; déclare l'intimée mal fondée dans l'opposition qu'en son nom personnel elle a formée aux poursuites dirigées contre elle ;

L'en déboute ;

Dit, en conséquence, que les poursuites commencées, en tant qu'elles sont dirigées contre l'intimée, autrement qu'en sa qualité de tutrice, seront continuées sur leurs derniers errements, etc.

2°

ARRÊT DE LA COUR DE DOUAI DU 1er AOUT 1864
(S. V-64. 2. 297.)

La Cour :

Attendu que les parties sont d'accord pour demander la liquidation de la communauté ayant existé entre la Dame Lessignal et le sieur Gillot décédé et le partage de la succession de ce dernier ;

Sur le mode d'exercice des reprises des époux.

Attendu qu'aux termes de l'article 1483 Code Nap. la femme n'est tenue des dettes de la communauté que jusqu'à concurrence de son émolument, pourvu qu'il y ait bon et fidèle inventaire ;

Qu'il résulte de la combinaison des art. 1456 et 1483 Cod. Nap. et 174 Cod. proc. civ., que l'inventaire bon et fidèle dont parle l'art. 1483 ne peut être qu'un inventaire exact et fait dans les délais des trois mois et quarante jours ;

Attendu que la dame Lossignol a fait faire un inventaire tardif en dehors des délais impartis par la loi ;

Que dès lors elle est déchue du bénéfice de l'art. 1483 ;

Qu'en conséquence, elle est tenue de la moitié des dettes de la communauté, parmi lesquelles figurent ses reprises, quel que soit son émolument.

Attendu que par une seconde conséquence de sa faute, elle se paie à elle-même la portion de ses reprises qui dépasse son émolument ;

Qu'elle ne pourra donc faire payer cette portion par son mari sur les propres de ce dernier, au-delà de la moitié due par lui, en cas d'insuffisance de l'actif ;

Qu'elle se trouve ainsi déchue du privilége que le second § de l'article 1472 accorde à la femme commune qui a fait procéder à un inventaire régulier.

Attendu que l'exercice des reprises étant ainsi établi, il y aura lieu de faire les prélèvements conformément à l'article 1471, et qu'il est nécessaire de faire expertiser les biens communs, afin de savoir quelle portion de ces biens devra servir à remplir les époux de leurs reprises, sans que ces prélèvements puissent se faire sur les propres du mari, ainsi qu'il vient d'être expliqué...
....

CINQUIÈME PROPOSITION

La subrogation dans l'hypothèque légale de la femme est éventuelle et subordonnée à la liquidation de la communauté.

ARRÊT DE LA COUR DE PARIS DU 3 FÉVRIER 1865.
(S. V. 1855. 2. 379).

LA COUR.

Considérant, en droit, que le cessionnaire ne peut avoir plus de droit que son cédant ;

Que le créancier subrogé dans les droits et actions de la femme et notamment dans l'effet de son hypothèque légale, ne peut exercer ces droits et cette hypothèque légale que de la même manière que la femme pourrait le faire elle-même ;

Que si, aux termes de l'article 1431 Cod. Nap., la femme doit être indemnisée des obligations qu'elle a contractée avec son mari, dont, en ce cas, elle est réputée n'être que la caution, elle ne peut réclamer le montant de cette indemnité qu'autant que son droit à ce titre est constaté ;

Que la femme qui s'oblige ainsi ne confère donc au créancier qu'un droit purement éventuel, indéterminé et subordonné aux reprises qui peuvent leur être dues par l'événement de la liquidation.

SIXIÈME PROPOSITION

La femme qui accepte la communauté et qui y fait ainsi tomber ses apports, détruit par là l'effet de la cession qu'elle avait antérieurement consentie de ses droits et reprises à un tiers, avec subrogation dans le bénéfice de son hypothèque légale ;

Ce tiers ne peut plus, dès lors, exercer un droit de privilége et de préférence, que la femme ne pourrait plus exercer elle-même.

ARRET DE LA COUR DE CASSATION DU 30 AVRIL 1849.
(S. V. 49. 1. 465).

LA COUR :

Attendu que la femme commune est responsable sur tous ses biens, de la moitié des dettes contractés pendant le mariage, quand arrivant la dissolution de la communauté, elle n' ya pas renoncé dans les formes et les délais fixés par la loi ;

Attendu qu'il est déclaré, en fait par l'arrêt attaqué, que la veuve Leymérié n'avait pas renoncé, dans les trois mois qui suivirent le décès de son mari, à la communauté de biens qui avait été établie par son contrat de mariage ;

Qu'en effet, le procès-verbal du juge de paix constatant le peu d'importance des effets mobiliers de la communauté, et, par suite, l'inutilité de l'apposition des scellés ne pouvait pas être considéré comme un inventaire suffisant ;

Que dès lors, à défaut de cet acte, l'arrêt attaqué à dû décider, comme il l'a fait, que la veuve Leymérié avait encouru les conséquences de sa non-renonciation, *c'est-à-dire de répondre sur ses biens propres de la moitié des dettes de la communauté ;*

Attendu qu'en jugeant, dans ces circonstances, que la veuve Leymerie n'avait pu transmettre à la demanderesse un droit de privilége et de préférence qu'elle n'avait pu exercer elle-même, l'arrêt attaqué n'a aucunement violé les art. 2121 et 2135 Code civil.

Rejette.

SEPTIÈME PROPOSITION

Sous l'empire du Code de commerce :

L'art. 551 C. Com. portant que la femme dont le mari était commerçant lors de la célébration du mariage n'a d'hypothèque que sur les immeubles appartenant à son mari à cette époque, n'était pas restreint au cas de déclaration de faillite du mari.

Cet article était applicable même au cas ou le commerçant ayant été exproprié par ses créanciers, ses biens ne suffisaient pas pour payer ses dettes.

1°

ARRÊT DE LA COUR DE GRENOBLE DU 20 JANVIER 1832.
(S. V. 32. 2. 309.)

La Cour :

Attendu qu'il résulte des faits du procès que Henri Dejour est dans un état d'insolvabilité notoire ;

Attendu que ce fait résulte principalement du jugement de séparation de biens obtenu par sa femme contre lui, et du jugement prononçant sur l'ordre ouvert entre les créanciers pour la distribution du prix du seul immeuble qu'il possédait, ordre dans lequel un grand nombre de créanciers n'a pu être colloqué en rang utile, à raison de l'insuffisance des fond;

Attendu que c'est avec raison que le Tribunal de 1re instance a décidé que l'immeuble, de la distribution du prix duquel il s'agissait, ayant été acquis par le sieur Dejour postérieurement à son contrat de mariage, et Dejour étant à cette époque commerçant, sa femme n'avait pu, aux termes de l'article 551 du Code de commerce, acquérir aucune hypothèque sur ces mêmes immeubles au préjudice des créanciers dudit Dejour ;

Attendu, en effet, que la lettre de la loi est précise et ne peut donner lieu à aucune interprétation ;

« La femme dont le mari était commerçant à l'époque de la célébra-
» tion du mariage, n'aura hypothèque que sur les immeubles qui appar-
» tenaient à son mari à l'époque ci-dessus. »

Que de ces expressions, il résulte que les immeubles acquis postérieurement, sont en totalité le gage des créanciers, et que la femme n'a sur ces mêmes immeubles que les droits d'un créancier chirographaire ;

Attendu que bien que cet article soit renfermé dans le titre de la faillite, *Chapitre des différentes espèces de créanciers et de leurs droit en cas de faillite, et dans la section des droits des femmes*, on ne peut le restreindre au seul cas de faillite déclarée, mais bien, comme M. Tarrible qui, ayant fait le rapport au nom du Tribunat au Corps législatif, et qui, en cette qualité, devait bien connaître l'esprit de la loi, le dit dans le Répertoire, *V° Inscription hypothécaire*, § 3, n° 13, au cas où les biens du mari ne suffiraient pas pour payer les dettes ;

Attendu que le législateur a voulu que la bonne foi régnât dans les conventions commerciales, et que lorsqu'il a prévu qu'en cas d'événement malheureux, le créancier ne pourrait jamais être primé par la femme sur les immeubles que le mari, commerçant au moment du mariage, aurait achetés postérieurement au contrat de mariage, il n'a pu vouloir que ce ne fut qu'en cas de faillite déclarée ;

Qu'en effet, les maris prêts à faire faillite, connaissant seuls l'état de leurs affaires, pourraient trouver un créancier complaisant souvent désintéressé, qui poursuivrait la saisie immobilière de leurs biens, et assurerait à la femme la rentrée de ses droits dotaux par son allocation sur le prix des immeubles, sur lesquels, après la faillite déclarée, elle n'aurait plus d'hypothèque.

Que la morale s'oppose à de pareils subterfuges ; qu'elle s'oppose à ce que, pour se prévaloir des dispositions de l'art. 551 du Code de Commerce, le créancier qui voudra repousser l'hypothèque de la femme d'un immeuble qu'on lui avait présenté comme son gage, soit contraint, pour le faire *de poursuivre la déclaration de faillite, poursuite dans laquelle il a été souvent arrêté et par les prières de la femme elle-même, et par des considérations puisées entièrement dans l'intérêt de la famille du négociant dont les créanciers sont en perte.*

Attendu que l'esprit et la lettre de la loi sont d'accord pour repousser l'hypothèque de la femme mariée à un commerçant, sur les immeubles que le mari a acquis postérieurement à son mariage ;

Que cet esprit de la loi manifesté par les discussions auxquelles cet article a donné lieu au conseil d'État, prouve que l'on a voulu forcer la femme à concourir à la bonne conduite du mari par l'intérêt même de la conservation de sa propre fortune, éviter les reconnaissances simulées d'une forte dot, des avantages excessifs en contrat de mariage; que l'on a voulu que les acquisitions d'immeubles devinssent la garantie des créanciers, et qu'une femme, après une séparation frauduleuse, ne pût venir leur enlever ce gage;

Attendu que les immeubles que le commerçant acquiert pendant la société conjugale sont présumés achetés avec les deniers de ses créanciers, et que le législateur a voulu éviter que la femme put profiter d'une fraude si facile à commettre, car, ou l'acquéreur peut liquider son commerce sans pertes pour ses créanciers, et alors la femme n'a point à souffrir, ou le commerçant se ruine et entraîne dans sa perte de légitimes créanciers, et la femme n'a pu se faire un sort meilleur en préludant par une acquisition qu'elle aurait provoquée

au moyen de soustrations dont les créanciers auraient bientôt à souffrir.

Attendu qu'il est prouvé, en fait, que la déclaration de faillite ne serait qu'une illusoire formalité, puisque les créanciers qui auraient intérêt de la provoquer ont jusqu'à présent gardé et gardent encore le secret.

Par ces motifs et ceux du jugement dont appel, confirme.

2°

ARRÊT DE LA COUR DE CASSATION DU 7 MARS 1836.
(S. V. 37. 1. 920.)

La Cour :

Attendu que l'arrêt attaqué a constaté que Dejours était commerçant lors de son mariage ; qu'il avait acquis, depuis cette époque, l'immeuble dont le prix était à distribuer ;

Qu'il a également déclaré que Dejours avait cessé ses paiements, et qu'il était dans un état d'insolvabilité notoire, résultant tant d'un jugement de séparation de biens obstenu par sa femme, que d'un règlement d'ordre dans lequel tous ses créanciers n'avaient pu être colloqués utilement ;

Qu'il suit nécessairement de tous ces faits qu'il était en état de faillite ;

Que dès lors, en jugeant, comme elle l'a fait la Cour de Grenoble, loin d'avoir violé les articles 551 du Code de Commerce, en a au contraire fait une juste application ; *rejette* ;

3°

ARRÊT DE LA COUR DE CASSATION DU 8 JUIN 1837.
(S. V. 37. 1. 920.)

La Cour :

Sur le premier moyen, tiré de la fausse application de l'article 551

Code Comm. en ce que le sieur Tardy ayant fait cession de biens ne pouvait, comme il l'a été par l'arrêt, être assimilé à un débiteur failli, et que l'hypothèque légale de sa femme ne pouvait point être restreinte à l'affectation des immeubles qui appartenaient à son mari à l'époque de la célébration du mariage ;

Attendu, qu'il a été constaté, en fait, par l'arrêt attaqué, que le mari de la demanderesse était négociant ;

Qu'il avait cessé ses paiements ; que cette cessation de paiements fut reconnue par le demandeur lui-même et constaté dans l'acte d'abandon fait par lui de tous ses biens à ses créanciers ;

Qu'en présence de ces faits, l'arrêt n'a pu contrevenir aux articles invoqués, en décidant que le demandeur étant en état de faillite, et que l'article 551 Code Comm. devait régir l'hypothèque légale de sa femme.

Rejette :

4°

ARRÊT DE LA COUR DE CASSATION DU 13 NOVEMBRE 1838.
(S. V. 39, I. 121.)

LA COUR :

Sur le premier moyen : Attendu que le jugement *déclaratif de l'ouverture* de faillite rendu en exécution de l'article 441, Code de commerce, ne crée pas l'état de faillite, mais ne fait que le proclamer comme nécessairement préexistant ;

Que c'est le législateur lui-même qui a pris soin *de déclarer* ce qui constitue cet état, en statuant par l'article 437 du même code que :

« Tout commerçant qui cesse ses paiements *est* en état de faillite. »

Que s'il est vrai que la juridiction spéciale des Tribunaux de commerce soit seule compétente pour *déclarer l'ouverture* de la faillite et en *fixer l'époque*, il est également certain que, soit que cette formalité ait ou n'ait pas été remplie, il appartient aux Tribunaux civils qui sont investis de la plénitude de la juridiction, de reconnaître, en jugeant les procès qui leur sont soumis, si le fait signalé par la loi comme caractéristique de l'état *de faillite* du débiteur commerçant (c'est-à-dire la cessation des paiements), a ou n'a pas existé, et d'en appliquer les effets légaux aux contestations qui s'agitent devant eux;

Que la cessation de paiements est tellement aux yeux de la loi le signe caractéristique de la faillite que, suivant ce même article 441, la retraite du débiteur, la clôture de ses magasins et même le refus d'acquitter des engagements de commerce ne peuvent constater *l'ouverture* de la faillite qu'autant que ces faits concourent avec la cessation de paiements ou avec la déclaration du failli;

Que cette disposition de l'article 441 et particulièrement sa dernière expression suffisent, en les rapprochant de l'article 437, pour démontrer que la loi considère le commerçant comme *failli* et le qualifie tel par cela seul qu'il a cessé ses paiements et avant toute déclaration émanée, soit de lui-même, soit du Tribunal de commerce;

Attendu, dans l'espèce, qu'il a été déclaré, en fait, tant par le Tribunal de Sainte-Affrique, que par l'arrêt confirmatif de la Cour impériale de Montpellier :

« 1° Que Rachou, en annonçant à ses créanciers la cessation de ses « paiements commerciaux, par sa lettre de convocation du 18 octo- « bre 1830, s'est constitué lui-même en état de faillite, aux termes de « l'article 437 Code de commerce;

» Qu'il est d'ailleurs de notoriété publique que, dès l'instant des con- » ventions faites entre lui et ses créanciers, il a cessé *son commerce*, « *fermé ses magasins et s'est retiré des affaires* (ce qui présente la réu- « nion de toutes les circonstances prévues par l'article 441 du même « code;

» 2° Que la veuve Rachou n'argue d'aucun dol ni d'aucune fraude

» l'acte d'accord intervenu, le 9 novembre 1830, entre les créanciers de « son mari et celui-ci. »

Sur le deuxième moyen :

Attendu que, quels que puissent être les effets,pour l'avenir, du traité du 9 novembre 1830, par lequel Rachon a abandonné à ses créanciers l'universalité de ses biens, tant meubles qu'immeubles, en stipulant, par son article 7, que l'excédant (si la vente en produisait) lui serait remis, ce traité ne saurait rétroagir sur le passé, ni empêcher (ce dont il est même la preuve la plus irrésistible), que Rachou ait été, ce jour-là, en état de cessation de paiements, c'est-à-dire, suivant l'article 487, en état de faillite ;

Et qu'en appliquant, dans ces circonstances, la disposition de l'article 549 Code de commerce, à la demande en collocation formée par la dame Rachou, à raison des avantages portés dans son contrat de mariage, le jugement et l'arrêt attaqué ont fait la plus saine application de cet article, ainsi que de l'article 437, loin d'avoir violé, soit l'article 441, soit les articles 2121, 2135 et autres articles invoqués du Code civil;

Rejette.

HUITIÈME PROPOSITION

Sous l'empire de la loi de 1838 :

Il suffit pour l'application de l'article 563, C. Comm. qui, en cas de faillite du mari commerçant, restreint l'hypothèque légale de la femme, que le mari ait cessé ses paiements.

Il n'est pas nécessaire qu'il soit intervenu un jugement déclaratif de la faillite.

Il appartient aux tribunaux civils de juger incidemment aux contestations dont ils sont saisis, (par exemple au sujet du règlement d'un ordre), si la cessation de paiement existe, et d'appliquer les effets légaux de cette situation aux contestations qui leur sont soumises.

1°

ARRÊT DE LA COUR DE METZ DU 20 DÉCEMBRE 1865. (S. V. 66. 2. 281).

La Cour :

Attendu que, dans les cas prévus par l'article 563, Code Commerce. l'hypothèque de la femme d'un commerçant failli se trouve restreinte aux immeubles appartenant à son mari à l'époque de la célébration du mariage, ou qui lui seraient advenus depuis, soit par succession, soit par donation entre vifs ou testamentaire ;

Attendu que l'application de cette règle n'est pas subordonnée à la circonstance d'une faillite préalablement prononcée; qu'en effet, le jugement déclaratif de faillite ne fait que proclamer un état préexistant et résultant de la seule cessation des paiements;

Que si la juridiction des tribunaux consulaires est spécialement compétente pour déclarer l'ouverture de la faillite et en fixer l'époque, il appartient néanmoins, dans tous les cas, aux tribunaux civils de reconnaître, dans la plénitude de leur juridiction, si le débiteur commerçant a, en réalité, cessé ses paiements, et d'appliquer les effets légaux de cette situation aux contestations qui leur sont soumises;

Attendu qu'il est établi par tous les documents du procès qu'Edouard Morel était commerçant à l'époque de son mariage et que plus tard il a cessé ses paiements; qu'il était ainsi constitué en état réel de faillite, lorsque sont intervenues les ventes des 15 mars et 19 mai 1854 ; que, depuis cette époque, ses dettes n'ont pas été liquidées, de telle sorte que la justice est appelée à procéder aujourd'hui comme elle aurait procédé en 1854, si la société Aubé, Tronchon et Ce, exécutant ses engagements, avait fait ouvrir un ordre pour la distribution du prix de son acquisition ;

Attendu que ces faits résultent notamment de la correspondance des parties, de l'inventaire... ;

Attendu que, dans ces circonstances, c'est avec raison que les premiers juges ont affranchi des effets de l'hypothèque légale de la dame Morel les immeubles désignés sous les numéros 1 à 5 du règlement provisoire de collocation, lesquels ont été acquis par les frères Morel, postérieurement au mariage d'Edouard ;

Jugé de même par arrêt de la Cour de Grenoble du 28 août 1847. (S. V. 48. 2. 469).

2°

Bédarride, *des Faillites*, t. II, num. 993 et 994.

« Avant de rappeler les droits que la loi de 1838 confère aux femmes des faillis, nous devons constater que les restrictions qu'elle maintient aux principes du droit commun, ne peuvent recevoir d'application que dans le cas où il y a faillite déclarée par jugement, *ou résultant de la cessation des paiements*. Ainsi, sous le Code, l'hypothèque de la femme produisait tous ses effets sur les biens acquis par le mari depuis le mariage, tant que l'une des deux circonstances que nous venons d'indiquer ne s'était pas réalisée (1).

Il avait été même décidé qu'il fallait que la faillite eût été déclarée judiciairement, et que le droit de la femme, à se faire colloquer sur le prix des immeubles de son mari, n'était pas infirmé, par cela seul qu'il existerait une cessation absolue de paiements à l'époque où ces biens ont été vendus à la requête des créanciers.

Mais cette jurisprudence a été formellement condamnée par la cour de cassation, une première fois par arrêt du 8 juin 1837 et une seconde fois par celui du 13 novembre 1838. Il résulte de ces deux arrêts, que la cessation de paiements équivaut à la faillite déclarée, et entraîne contre la femme l'application des dispositions du Code de commerce.

Cette opinion de la cour régulatrice nous paraît conforme aux véritables principes. C'est l'état de faillite qui place la femme hors du droit commun. Or, cet état ne résulte pas du jugement déclaratif ; il est constitué par la cessation du paiement. En conséquence, dès que le négociant est dans l'impossibilité de payer, il y a réellement faillite. Le jugement qui la constate n'est plus qu'une simple formalité qu'il convient peut-être à la femme elle-même d'éviter, et qui ne saurait jamais l'être, si le bénéfice de la loi restrictive était au prix de sa réalisation.

5354. Paris. — Imprimerie Renou et Maulde, rue de Rivoli, 144.

www.ingramcontent.com/pod-product-compliance
Ingram Content Group UK Ltd.
Pitfield, Milton Keynes, MK11 3LW, UK
UKHW020949220726
13924UKWH00002B/573

9 782019 213954